AF252633

L'EUROPE

RÉPUBLICAINE

suivie

DE L'ALLIANCE DES PEUPLES

par le citoyen

TARDIF MELLO

Auteur de *la Démocratie des Peuples Européens*

Le flot du peuple monte! il monte, il monte encore,
et déjà je n'aperçois plus sur l'écume de l'abîme
que les sceptres brisés et les cadavres flottants des
monarchies absolues.

CORMENIN (1836)

PARIS

LIBRAIRIE D'AMYOT, ÉDITEUR

RUE DE LA PAIX, 6

—

1848

L'EUROPE

RÉPUBLICAINE

SUIVIE

DE L'ALLIANCE DES PEUPLES

par le citoyen

TARDIF MELLO

Auteur de *la Démocratie des Peuples Européens*

Le flot du peuple monte! il monte, il monte encore,
et déjà je n'aperçois plus sur l'écume de l'abîme
que les sceptres brisés et les cadavres flottants des
monarchies absolues.

CORMENIN (1836).

PARIS

LIBRAIRIE D'AMYOT, ÉDITEUR
RUE DE LA PAIX, 6

—

1848

Imprimerie CLAYE et TAILLEFER, rue Saint-Benoît, 7.

L'EUROPE
RÉPUBLICAINE

Un de ces hommes forts aux mains de qui la France
Avait remis son sort, sa foi, son espérance,
Qui, depuis Février, aventureux Atlas,
D'un sublime fardeau n'a jamais été las,
Lamartine avait dit, en certain manifeste
Où semblaient respirer et la voix et le geste
De ces ardents tribuns, de ces républicains,
Devant qui pâlissaient Scribes et Publicains,
Lamartine avait dit aux nations émues
Au cri de liberté qui vibrait dans les nues;
Il avait dit aux rois tremblants, épouvantés :
« C'en est fait et de vous et de vos volontés;
« Nous venons de donner une leçon nouvelle
« Aux despotes sans foi, dont le trône chancelle;
« Nous venons de chasser un monarque imposteur

« Qui, de sa mission dédaignant la grandeur,
« N'a pas craint d'employer la ruse et le parjure
« Pour déverser sur nous et la honte et l'injure.
« Nous avons accepté son insolent défi;
« Pour le mettre au néant, trois heures ont suffi.
« Calme, depuis ce jour, notre peuple héroïque
« Veille, par notre organe, à la chose publique;
« Il veut que, désormais, pour d'autres que pour lui,
« Brille enfin ce soleil qui sur la France a lui;
« Il veut au monde entier laisser pour héritage
« L'immortel Labarum conquis par son courage,
« Et son vœu le plus saint est que la liberté
« Profite aux nations encore en puberté. »

Le grand homme ajoutait : « Il n'est pas de puissance
« Qui de notre pouvoir ose attaquer l'essence;
« Il est triple, il est un, et sa triple unité
« Est l'emblème éclatant de la Divinité. —

« Les hommes sont égaux, ils sont libres et frères;
« Ainsi l'a dit le Christ; — malheur aux téméraires
« Qui, sous le nom doré d'Empereurs ou de Rois,
« Voudraient aux lois du Christ substituer leurs droits.

« Notre pays est grand, il est riche, il est sage,
« Il a d'assez de gloire éclairé son passage,
« Et notre République, étoile aux cheveux d'or,
« Ne craint plus la Terreur ni le Neuf Thermidor;
« De Septembre elle hait les cruelles orgies;
« De sang ses nobles mains ne seront plus rougies.
« Son éternel principe est que l'égalité
« Soit assise, avant tout, sur la légalité;
« Que chacun, pour son compte, et l'approuve et l'imite !
« — Nous saurons, nous voulons respecter la limite
« Consacrée, assignée, entre tous les États
« Par des hommes parés du nom de potentats;
« Mais si les rois ligués, au mépris de l'histoire,
« Osaient mettre le pied sur notre territoire;
« Si l'un d'eux, ou si tous osaient intervenir
« Pour arrêter l'élan du progrès à venir,
« Pour vouloir, insensés, punir la sympathie
« De quelque nation par la nôtre avertie,
« A ma puissante voix, ainsi que des lions,
« Les Gaulois aux combats courraient par millions.
« Des intérêts de tous saintement occupée,
« La France, interposant son immortelle épée,
« Du monde impatient accomplissant les vœux,
« N'aura qu'un mot à dire; elle dira : Je veux
« Que pure de forfaits, de toute idée immonde,
« La sainte Liberté fasse le tour du monde. »

De tels vœux exprimés en magiques accents

D'un doux enthousiasme animèrent mes sens,
Et cédant à la voix du Byron-Métastase,
Palpitant, je tombai dans cet état d'extase
Où tombèrent jadis les élus d'Israël
Quand daignaient leur parler les envoyés du ciel. —

J'ai vu dans mon sommeil, du couchant à l'aurore,
Les peuples saluer le drapeau tricolore,
Entendu résonner, vibrer dans tous les cœurs
L'hymne des Spartacus, de leurs bourreaux vainqueurs :

Aux frémissants accords de notre *Marseillaise*,
J'ai vu tous les tyrans brûler dans la fournaise
Où doivent, pour toujours, se dissoudre les fers
Qui, depuis six mille ans, pèsent sur l'univers.

J'ai vu, du haut des cieux, scintiller dans l'espace,
L'astre de liberté qui passe et qui repasse
Pour se faire comprendre, et dont le trop grand prix,
De l'homme encore enfant, n'est pas encor compris.

Jamais je n'éprouvai de plaisirs si suaves :

Je me disais enfin : Plus de rois , plus d'esclaves ;
Plus de tour de Babel ; l'Arabe et le Germain
Tous deux pouvaient s'entendre et se donner la main.

L'indolent Scandinave et l'ardent Espagnol
Prenaient le même essor, prenaient le même vol,
Et tous, électrisés, tous mus par l'espérance,
Satellites vivants, autour de notre France,
Gravitaient à l'envi, comme autour d'un soleil
Qui nous rend la lumière après un long sommeil.

Mais le songe enchanteur, pour combler mes délices,
Me fit voir la Pologne, après ses longs supplices,
Transformant ses enfants en nouveaux Spartacus, ·
Écraser sous ses pieds ses ennemis vaincus.
Je vis son aigle blanc étouffer l'aigle russe,
Le jeter tout sanglant à celui de la Prusse,
Et de l'aigle d'Autriche également vainqueur,
L'abattre, le tuer, lui déchirer le cœur.

La France n'était plus sous le régime infâme
Du roi qui, d'un œil sec apprenant que la flamme,
Le canon moscovite et le kn　. des bourreaux ,

Retranchaient de la carte un peuple de héros,
Qui, pour se conserver, souffrait que la patrie
Fût d'opprobre et de boue et souillée et flétrie.
Qui pour unique règle et pour unique loi,
Disait que l'on ne doit jamais penser qu'à soi.

Dans ses grands souvenirs ressuscitant sa force,
Elle avait retrouvé le fer du géant corse,
Elle avait entendu répéter par l'écho,
Les noms de Jagellon et de Koskiusko.
Elle n'ignorait plus qu'aux bords de la Vistule
Est un peuple de fer, qui jamais ne recule,
Qui, pour briser son joug, voulait d'elle un appui,
Inutile demain, tout puissant aujourd'hui.

Combien j'étais heureux en entendant la Gaule
Maîtresse, commander de l'un à l'autre pôle,
Dire avec majesté : Je ne souffrirai pas
Que contre la Pologne on se permette un pas.
Elle est ma sœur ; partout elle a suivi mes fils ;
Son sang avec le mien coula depuis Memphis
Jusqu'au jour immortel où, trop chargés de gloire,
Trahis par les méchants, mais non par la victoire,
Ses enfants et les miens, dans un sublime élan,
Triomphants à Ligny mouraient au Mont-Saint-Jean.

Ah combien je goûtais les douceurs de mon rêve !
Je vis la France, après trente-trois ans de trêve,
Se jeter sur son glaive, envoyer sur le Rhin
Deux cent mille soldats aux poitrines d'airain,
Cent mille en Italie, autant aux Pyrénées,
Et du monde asservi changeant les destinées,
Sur le sable tracer autour d'Arminius,
Le cercle que traça jadis Popilius,
Alors qu'ambassadeur des maîtres de la terre,
Il portait dans sa toge ou la paix ou la guerre.

Les Germains, rappelant leur antique valeur
A celle des Gaulois réunissaient la leur,
Et Germains et Gaulois allaient rendre la vie
Aux fiers Lithuaniens, à ceux de Cracovie.

Ensuite j'entendis comme des chœurs d'archanges
Du vicaire du Christ célébrant les louanges. —
Du sommet vénéré du Mont Capitolin
Le plus saint, le plus grand des successeurs de Lin,
Mastaï, neuvième Pie, avait mis l'équilibre
Entre ses fils du Nord et ses enfants du Tibre ;

Père de ses brebis, pasteur de ses troupeaux,
Il avait adopté ces magiques drapeaux
Que la reconnaissante et pieuse Ausonie
Fait flotter en faveur du bienfaisant génie
Qui, devançant le siècle, a dit que sont sacrés
Les droits et les devoirs par la loi consacrés,
Que celui dont il est représentant sur terre
Veut que le riche soit l'égal du prolétaire,
Que tous, devant paraître au tribunal de Dieu,
Ont droit au même sel, ont droit au même feu.

Paris, 15 avril 1848.

L'ALLIANCE

DES PEUPLES.

Trente-trois ans passés, quand le monde, en stupeur,
Du géant politique eut cessé d'avoir peur ;
Lorsque les rois ligués ne pouvaient encor croire
Aux faveurs du hasard, du ciel, de la victoire ;
Alors que la fanfare eut sonné le réveil
De tant de faux héros arrachés au sommeil,
Et qu'au lion mourant chacun de ces atômes
Par la loi du plus fort eut repris ses royaumes,
Un concile, tenu loin des yeux du public,
Au nom de Nesselrode, au nom de Metternich
Et de ce Talleyrand, moteur des diplomates
Qui de la trahison conservent les stigmates,
A Vienne décida que selon leurs drapeaux,
Les peuples asservis, ainsi que des troupeaux,
Seraient parqués, traqués, voués à l'impuissance.

Ce traité fut celui de la sainte-alliance. —
Des hommes appelés princes, rois, empereurs,
De par le droit divin et des vieilles erreurs,
Du manteau féodal restaurant l'enveloppe,
Volèrent une case au damier de l'Europe.

Ces fétiches sans cœur, encore tout tremblants,
Jouèrent, tout d'abord, à la traite des blancs;
Pour venger leurs affronts, pour écraser la plèbe,
Les serfs furent, par eux, condamnés à la glèbe.
Et la diplomatie, au fond de ses manoirs,
S'opposa, soit-disant, au commerce des noirs.

Ils s'endormaient au sein d'une paix apparente,
Ils rêvaient le bonheur, lorsqu'en dix-huit-cent-trente,
Survint un ouragan qui fit trembler la terre.
Alors on vit pâlir l'orgueilleuse Angleterre;
Et les maîtres du Sud et les maîtres du Nord
Sur leurs destins futurs consultèrent le sort.

Qui donc avait ainsi remué les deux pôles?

Qui donc avait parlé? Les braves fils des Gaules,
Les Français vigilants qui, toujours les premiers,
Du hideux despotisme attaquent les limiers,
Qui, pour tous les mortels demandant l'équilibre,
Ne veulent que la loi, la justice, l'air libre.

Le monde espérait tout de cet ébranlement,
Son repos, son bonheur. son affranchissement;
Chacun, passionné pour la chose publique,
Proclamait hautement la sainte République;
Alors qu'un renégat, député par l'enfer,
Dix-huit ans l'étreignit dans un cercle de fer,
Jusqu'au jour où Paris, dans sa sublime rage,
Le chassa, lui, les siens, et brisa son ouvrage.

Oui, son ouvrage est mort! En vain ses successeurs,
De son règne doré nous vantant les douceurs,
Non moins fourbes que lui, pensent faire revivre
La *charte-vérité* qu'il a si bien su suivre;
Les rois ont trop longtemps conspiré contre nous;
Ils doivent, aujourd'hui, se mettre à nos genoux,
Demander leur pardon, mourir ou disparaître.
Le peuple souverain ne veut plus qu'un seul maître;
Ce maître, c'est le Christ; — ce maître, c'est la loi,
Juge non patenté. juge de bon aloi.

Voyez, d'un bout du monde à l'autre,
Les nations en puberté,
Se réveiller, comme la nôtre,
Au nom sacré de liberté !
En tous lieux, pour briser leurs chaînes,
Les roseaux deviennent des chênes,
Je ne vois que tyrans vaincus ;
Le Vésuve a vomi ses flammes,
Allumé dans toutes les âmes
Le feu qui brûlait Spartacus.

Dans un moment aussi sublime,
Restons amis, serrons nos rangs ;
Se reposer serait un crime !
Plus de rois, plus de conquérants !
Loin de nos yeux les téméraires,
Qui, se parant du nom de frères,
Ne respirent que millions ;
Déjouons leurs projets infâmes ;
Ces vautours ne sont que des femmes,
Qu'ils meurent devant les lions.

Pour asservir notre patrie

En vain un nouvel Attila
Nous menace, dans sa furie;
Pour l'écraser le bronze est là.
Que nous importent ses barbares,
Ses Huns, ses Baschkirs, ses Tartares?
Que nous importent ses trabans?
Sur l'oriflamme de la France,
Brille l'arc-en-ciel d'espérance
Qui fait pâlir tous les tyrans.

Admirons le neuvième Pie,
Qui pour nos jours naquit exprès;
Il ne veut plus de siècle impie,
Il éternise le progrès. —
Du sommet de son Capitole,
Et du geste et de la parole
Je l'entends dire au genre humain :
« Au nom du Christ et de saint Pierre,
« Plus de querelles, plus de guerre,
« Je veille à votre lendemain?

« Ce jour-là vous viendrez à Rome,
« Soumis, glorieux pèlerins,
« Peuples, devenus un seul homme,
« Peuples, devenus souverains!

« De l'Amérique jusqu'au Tibre,
« Chacun de vous, puissant et libre,
« N'aura plus ni maîtres, ni rois;
« Il aura compris le problème
« Qui veut que chacun s'aide et s'aime,
« Qu'il a des devoirs et des droits. »

Herwegh, Holinski, Golovine,
Balzo, Sasonoff, Léonard,
Worcell, vous tous que je devine
Aux éclairs de votre regard;
Germains, Italiens ou Slaves,
Polonais, vengeurs des esclaves,
Français, fils de la liberté,
Des peuples, au nom de la France,
Formons une sainte-alliance,
Célébrons leur fraternité !

Paris, 15 mai 1848.

Nota. Mon intention dans cette dernière strophe a été de consacrer le patriotisme des citoyens qui, au nom de l'Espagne, de l'Italie, de l'Allemagne, de la Pologne, de la Prusse, de la Russie et de l'Irlande, viennent unir dans une même pensée le sentiment démocratique imprimé au monde entier par la révolution de février 1848. Après tant de déceptions monarchiques depuis quarante-quatre ans, la France doit s'estimer heureuse d'en revenir enfin au grand contrat social prédit par les encyclopédistes, et que, malgré ses gigantesques efforts, la première révolution n'a pu réaliser. Honneur donc à ces illustres exilés de toutes les nations qui viennent faire à l'alliance des peuples le sacrifice de leur dévouement et de leur fortune.